À Ivo – JW

À Luca, le champion
des bisous – JA

Adaptation française : Bénédicte Perceval
Secrétariat d'édition : Jérémie Salinger
Édition originale 2010 par Simon and Schuster UK Ltd, sous le titre *The Biggest Kiss*

ISBN 978-2-7000-3094-5
Dépôt légal : janvier 2011
PAO : Tifinagh
Imprimé en Chine
Loi n° 49-956 du 16 juillet 1949 sur les publications destinées à la jeunesse

Éditions Gründ – 60, rue Mazarine – 75006 Paris – www.grund.fr

# Bisous, bisous

Joanna Walsh & Judi Abbot

Gründ

**Bisous** sur le nez, **bisous** sur les pieds.

Coucou !

Voilà pour toi un **bisou** surprise !

Qui aime les **bisous** ?

Moi ! Moi ! Moi aussi, dit Petit Pingouin.

Et toi, tu les aimes ?

Les grenouilles adorent faire des **bisous**,

et les chiens adorent aussi en recevoir.

Les éléphants en font des

# géants !

Les vers de terre préfèrent les **bisous** en “sous-sol”, ♥ bien au chaud dans la terre !

Et les poissons
aiment les **bisous**
qui font

splish,
splash,
splosh !

Certains **bisous** ratent leur cible

et atterrissent sur l'oreille !

Les **bisous** au rouge à lèvres claquent comme…

un **bisou** au miel,

un **bisou** gourmand,

un **bisou** galipette,

un **bisou** sur le ventre !

En tombant, la pluie fait des **bisous**
à tout le monde !

Et la neige fait des **bisous** givrés !

La girafe
fait le plus
GRAND
**bisou**
du monde,

Et les coccinelles des **bisous** minuscules !

**Bisou**
malin,

**Bisou**
câlin,

**Bisou**
chagrin,

c'est le petit train
des **bisous** !

Sans oublier le **bisou**
du petit déjeuner,
pour bien commencer
la journée !

Et le **bisou** du soir,
pour dire :
« Bonne nuit » !

Petit Pingouin a reçu des **bisous**
de tous ses amis.

Mais son préféré,
c'est…

le **bisou** de sa maman !